Impressum
Verlag: BABADADA GmbH, Nedderfeld 112 , 22529 Hamburg
Geschäftsführer / Verlagsleitung: Harald Hof
Druck: Books on Demand GmbH, In de Tarpen 42, 22848 Norderstedt

Imprint
Publisher: BABADADA GmbH, Nedderfeld 112 , 22529 Hamburg, Germany
Managing Director / Publishing direction: Harald Hof
Print: Books on Demand GmbH, In de Tarpen 42, 22848 Norderstedt

el aula
la salle de classe

dividir
diviser

186/2

el pizarrón
le tableau noir

el patio de la escuela
la cour de récréation

el maestro
l'enseignant

el papel
le papier

escribir
écrire

la birome
le stylo

el escritorio
le bureau

la regla
la règle

el libro
le livre

el alumno
l'élève

la mochila
le sac d'école

la caja de lápices
la trousse

el lápiz
le crayon

el sacapuntas
le taille-crayon

la goma (de borrar)
la gomme

el bloc de dibujo
le carnet à dessin

el dibujo

le dessin

el pincel

le pinceau

la caja de pinturas

la boîte de peinture

la tijera

les ciseaux

el pegamento

la colle

el cuaderno de ejercicios

le cahier d'exercices

la tarea

les tâches

el número

le chiffre

sumar

additionner

restar

soustraire

multiplicar

multiplier

calcular

calculer

la letra

la lettre

el abecedario

l'alphabet

la palabra

le mot

el texto

le texte

leer

lire

la tiza

la craie

la lección

la leçon

el cuaderno de clase

le livre de classe

el examen

l'examen

el certificado

le certificat

el uniforme escolar

l'uniforme scolaire

la educación

la formation

la enciclopedia

le lexique

la universidad

l'université

el microscopio

le microscope

el mapa

la carte

el tacho (de basura)

la corbeille à papier

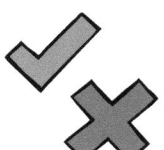

el hotel
l'hôtel

el hostel
l'auberge

la casa de cambio
le bureau de change

la valija
la valise

el auto
la voiture

el idioma
··············
la langue

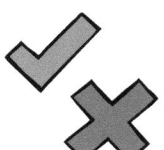

sí / no
··············
oui / non

Está bien
··············
d'accord

hola
··············
Salut

el traductor
··············
l'interprète

Gracias
··············
merci

¿cuánto cuesta…?

Combien coûte…?

No entiendo

Je ne comprends pas

el problema

le problème

¡Buenas tardes!

Bonsoir!

¡Buenos días!

Bonjour!

¡Buenas noches!

Bonne nuit!

el adiós

Au revoir

la dirección

la direction

el equipaje

les bagages

el bolso

le sac

la mochila

le sac-à-dos

el invitado

l'hôte

la habitación

la pièce

la bolsa de dormir

le sac de couchage

la carpa

la tente

el viaje - le voyage

la información turística

l'office de tourisme

la playa

la plage

la tarjeta de crédito

la carte de crédit

el desayuno

le petit-déjeuner

el almuerzo

le déjeuner

la cena

le dîner

el pasaje

le billet

el ascensor

l'ascenseur

el sello

le timbre

la frontera

la frontière

la aduana

la douane

la embajada

l'ambassade

la visa

le visa

el pasaporte

le passeport

el transporte
le transport

el avión
l'avion

el barco
le navire

la autobomba
le véhicule de pompiers

el colectivo
le bus

el camión
le camion

la lancha a motor
le bateau à moteur

la bicicleta
la bicyclette

el auto
la voiture

el ferry
le ferry

el bote
la barque

la moto
la moto

el patrullero
la voiture de police

el auto de carreras
la voiture de course

el auto de alquiler
la voiture de location

el alquiler de autos

l'autopartage

la grúa

la dépanneuse

el camión de la basura

la benne à ordures

el motor

le moteur

la nafta

l'essence

la estación de servicio

la station d'essence

la señal de tránsito

le panneau indicateur

el tránsito

le trafic

el embotellamiento

l'embouteillage

el estacionamiento

le parking

la estación de tren

la gare

las vías

les rails

el tren

le train

el tranvía

le tram

el vagón

le wagon

el helicóptero

l'hélicoptère

el aeropuerto

l'aéroport

la torre

la tour

el pasajero

le passager

el contenedor

le container

la caja de cartón

le carton

la carretilla

le chariot

la canasta

la corbeille

despegar / aterrizar

décoller / atterrir

la ciudad
la ville

el pueblo

le village

el centro de la ciudad

le centre-ville

la casa

la maison

el cine
le cinéma

la publicidad
la publicité

el farol
le réverbère

la calle
la rue

el taxi
le taxi

el peatón
le piéton

el kiosco
le kiosque

la vereda
le trottoir

el paso peatonal
le passage piéton

contenedor de basura
poubelle

el cruce
le carrefour

el semáforo
les feux de circulation

la cabaña
la cabane

el departamento
l'appartement

la estación de tren
la gare

la municipalidad
la mairie

el museo
le musée

el colegio
l'école

la ciudad - la ville   11

la universidad

l'université

el banco

la banque

el hospital

l'hôpital

el hotel

l'hôtel

la farmacia

la pharmacie

la oficina

le bureau

la librería

la librairie

el negocio

le magasin

la florería

le fleuriste

el supermercado

le supermarché

el mercado

le marché

las grandes tiendas

le grand magasin

la pescadería

la poissonnerie

el centro comercial

le centre commercial

el puerto

le port

12   la ciudad - la ville

el parque

le parc

el banco

la banque

el puente

le pont

las escaleras

les escaliers

el subte

le métro

el túnel

le tunnel

la parada del colectivo

l'arrêt de bus

el bar

le bar

el restaurante

le restaurant

el buzón

la boîte à lettres

el letrero

le panneau indicateur

el parquímetro

le parcomètre

el zoológico

le zoo

la pileta

le réverbère

la mezquita

la mosquée

la granja
la ferme

la contaminación
la pollution

el cementerio
le cimetière

la iglesia
l'église

los juegos infantiles
l'aire de jeux

el templo
le temple

el paisaje
le paysage

la hoja
la feuille

el poste indicador
le panneau indicateur

el camino
le chemin

la pradera
le pré

la piedra
la pierre

el excursionista
le randonneur

el árbol
l'arbre

el río
la rivière

la hierba
l'herbe

la flor
la fleur

el valle

la vallée

la montaña

la montagne

el lago

le lac

el bosque

la forêt

el desierto

le désert

el volcán

le volcan

el castillo

le château

el arco iris

l'arc-en-ciel

el champiñón

le champignon

la palmera

le palmier

el mosquito

le moustique

la mosca

la mouche

la hormiga

les fourmis

la abeja

l'abeille

la araña

l'araignée

el escarabajo

le scarabée

la rana

la grenouille

la ardilla

l'écureuil

el erizo

le hérisson

la liebre

le lapin

la lechuza

la chouette

el pájaro

l'oiseau

el cisne

le cygne

el jabalí

le sanglier

el ciervo

le cerf

el alce

l'élan

la presa

le barrage

el aerogenerador

l'éolienne

el panel solar

le panneau solaire

el clima

le climat

el mozo
le serveur

el menú
le menu

la silla
la chaise

la sopa
la soupe

la pizza
la pizza

los cubiertos
les services

el mantel
la nappe

la entrada
les hors d'œuvre

el plato principal
le plat principal

el postre
le dessert

las bebidas
les boissons

la comida
l'alimentation

la botella
la bouteille

la comida rápida

le fast-food

la comida callejera

les plats à emporter

la tetera

la théière

la azucarera

le sucrier

la porción

la portion

la cafetera expreso

la machine à expresso

la sillita alta

la chaise haute

la cuenta

la facture

la bandeja

le plateau

el cuchillo

le couteau

el tenedor

la fourchette

la cuchara

la cuillère

la cucharita

la cuillère à thé

la servilleta

la serviette

el vaso

le verre

el plato

l'assiette

el plato hondo

l'assiette à soupe

el plato

la soucoupe

la salsa

la sauce

el salero

la salière

el molinillo de pimienta

le moulin à poivre

el vinagre

le vinaigre

el aceite

l'huile

las especias

les épices

el kétchup

le ketchup

la mostaza

la moutarde

la mayonesa

la mayonnaise

el supermercado
le supermarché

la oferta especial
l'offre promotionnelle

el cliente
le client

los lácteos
les produits laitiers

la fruta
les fruits

el changuito
le caddie

la carnicería
la boucherie

la panadería
la boulangerie

pesar
peser

las verduras
les légumes

la carne
la viande

los alimentos congelados
les aliments surgelés

los fiambres

la charcuterie

los alimentos enlatados

les conserves

el detergente en polvo

la poudre à lessive

las golosinas

les bonbons

los electrodomésticos

les articles ménagers

los productos de limpieza

les détergents

la vendedora

la vendeuse

la caja

la caisse

el cajero

le caissier

la lista de compras

la liste d'achats

el horario de atención

les heures d'ouverture

la billetera

le portefeuille

la tarjeta de crédito

la carte de crédit

la cartera

le sac

la bolsa de plástico

le sac en plastique

las bebidas
les boissons

el agua

l'eau

el jugo

le jus de fruit

la leche

le lait

la bebida cola

le coca

el vino

le vin

la cerveza

la bière

el alcohol

l'alcool

el cacao

le chocolat chaud

el té

le thé

el café

le café

el café expreso

l'expresso

el cappuccino

le cappuccino

la banana

la banane

la manzana

la pomme

la naranja

l'orange

el melón

le melon

el limón

le citron

la zanahoria

la carotte

el ajo

l'ail

el bambú

le bambou

la cebolla

l'oignon

el champiñón

le champignon

las nueces

les noisettes

los fideos

les pâtes

los tallarines

les spaghettis

el arroz

le riz

la ensalada

la salade

las papas fritas

les frites

las papas fritas

les pommes de terre rôties

la pizza

la pizza

la hamburguesa

le hamburger

el sándwich

le sandwich

el churrasco

l'escalope

el jamón

le jambon

el salame

le salami

la salchicha

la saucisse

el pollo

le poulet

el asado

le rôti

el pescado

le poisson

los copos de avena

les flocons d'avoine

el muesli

le muesli

los copos de maíz

les cornflakes

la harina

la farine

la medialuna

le croissant

el pancito

les petits-pains

el pan

le pain

la tostada

le pain grillé

las galletitas

les biscuits

la manteca

le beurre

la cuajada

le fromage blanc

la torta

le gâteau

el huevo

l'œuf

el huevo frito

l'œuf au plat

el queso

le fromage

el helado
la glace

el azúcar
le sucre

la miel
le miel

la mermelada
la confiture

la pasta de chocolate
la crème nougat

el curry
le curry

la granja
la ferme

el granero
la grange

el fardo de paja
la botte de paille

el campo
le champ

el caballo
le cheval

el remolque
la remorque

el potrillo
le poulain

el tractor
le tracteur

el burro
l'âne

el cordero
l'agneau

la oveja
le mouton

la cabra
la chèvre

la vaca
la vache

el ternero
le veau

el cerdo
le porc

el lechón
le porcelet

el toro
le taureau

el ganso

l'oie

el pato

le canard

el pollo

le poussin

la gallina

la poule

el gallo

le coq

la rata

le rat

el gato

le chat

el ratón

la souris

el buey

le bœuf

el perro

le chien

la cucha

le chenil

la manguera

le tuyau de jardin

la regadera

l'arrosoir

la guadaña

la faucheuse

el arado

la charrue

la hoz

la faucille

la azada

la pioche

la horquilla

la fourche

el hacha

la hache

la carretilla

la brouette

el abrevadero

la cuve

la lechera

le pot à lait

la bolsa

le sac

la reja

la clôture

el establo

l'étable

el invernadero

la serre

el suelo

le sol

la semilla

les semences

el fertilizador

l'engrais

la cosechadora

la moissonneuse-batteuse

cosechar

récolter

la cosecha

la récolte

las batatas

l'igname

el trigo

le blé

la soja

le soja

la papa

la pomme de terre

el maíz

le maïs

la semilla de colza

le colza

el árbol frutal

l'arbre fruitier

la mandioca

le manioc

los cereales

les céréales

la chimenea
la cheminée

el techo
le toit

el caño de desagüe
la gouttière

la ventana
la fenêtre

el garaje
le garage

el timbre
la sonnette

la puerta
la porte

el tacho de basura
la poubelle

el buzón
la boîte aux lettres

el jardín
le jardin

el living
le salon

el baño
la chambre de bain

la cocina
la cuisine

el dormitorio
la chambre à coucher

el cuarto de los chicos
la chambre d'enfant

el comedor
la salle à manger

el piso

le sol

la pared

le mur

el cielorraso

le plafond

el sótano

la cave

el sauna

le sauna

el balcón

le balcon

la terraza

la terrasse

la pileta

la piscine

la cortadora de pasto

la tondeuse à gazon

la sábana

la fourre de duvet

el acolchado

la couette

la cama

le lit

la escoba

le balai

el balde

le sceau

el interruptor

l'interrupteur

el empapelado
le papier peint

la imagen
l'image

la lámpara
la lampe

el estante
l'étagère

el armario
l'armoire

la chimenea
la cheminée

la televisión
la télé

la flor
la fleur

el almohadón
le coussin

el sofá
le canapé

el florero
le vase

el control remoto
la télécommande

la alfombra
le tapis

la cortina
le rideau

la mesa
la table

la silla
la chaise

la mecedora
la chaise à bascule

el sillón
le fauteuil

el libro

le livre

la frazada

la couverture

la decoración

la décoration

la leña

le bois de chauffage

la película

le film

el equipo de música

la chaîne hi-fi

la llave

la clé

el diario

le journal

la pintura

la peinture

el póster

le poster

la radio

la radio

el cuaderno

le bloc-notes

la aspiradora

l'aspirateur

el cactus

le cactus

la vela

la bougie

34

el living - le salon

la heladera / le frigo

el microondas / le four à micro-ondes

la balanza de cocina / la balance de cuisine

la tostadora / le toasteur

el detergente / le détergent

el horno / le four

el freezer / le compartiment congélateur

el tacho de basura / la poubelle

el lavaplatos / le lave-vaisselle

la cocina
le four

la olla
la casserole

la olla de hierro fundido
la marmite

el wok
le wok/kadai

la sartén
la poêle

la pava
la bouilloire électrique

la vaporera

le cuiseur vapeur

la bandeja de horno

la plaque de cuisson

la vajilla

la vaisselle

la taza

le gobelet

el bol

le bol

los palitos

les baguettes

el cucharón

la louche

la espátula

la spatule

la batidora

le fouet

el colador

la passoire

el colador

le tamis

el rallador

la râpe

el mortero

le mortier

la parrilla

le barbecue

la fogata

la cheminée

la tabla de picar

la planche à découper

el palo de amasar

le rouleau à pâtisserie

el sacacorchos

le tire-bouchon

la lata

la boîte

el abrelatas

l'ouvre-boîte

la manopla

les maniques

la pileta

le lavabo

el cepillo

la brosse

la esponja

l'éponge

la batidora

le mixeur

el congelador

le congélateur

la mamadera

le biberon

la canilla

le robinet

la cocina - la cuisine

37

el baño
la chambre de bain

la ducha
la douche

la calefacción
le chauffage

la toalla
la serviette

la cortina de la ducha
le rideau de douche

el baño de espuma
le bain moussant

la bañadera
la baignoire

el vaso
le verre

el lavarropas
la machine à laver

la canilla
le robinet

las baldosas
le carrelage

la pelela
le pot

la pileta
le lavabo

el inodoro

les toilettes

la letrina

la toilette à la turque

el bidé

le bidet

el mingitorio

l'urinoir

el papel higiénico

le papier toilette

el cepillo para el inodoro

la brosse à toilette

el cepillo de dientes

la brosse à dents

el dentífrico

le dentifrice

el hilo dental

le fil dentaire

lavar

laver

la ducha de mano

la douche manuelle

la ducha higiénica

la douche intime

la palangana

la vasque

el cepillo para la espalda

la brosse dorsale

el jabón

le savon

el gel de ducha

le gel douche

el shampoo

le shampooing

la toallita

le gant de toilette

el desagüe

l'écoulement

la crema

la crème

el desodorante

le déodorant

el espejo

le miroir

el espejito

le miroir cosmétique

la maquinita de afeitar

le rasoir

la espuma de afeitar

la mousse à raser

el aftershave

l'après-rasage

el peine

la peigne

el cepillo

la brosse

el secador de pelo

le sèche-cheveux

el spray

la laque pour cheveux

el maquillaje

le fond de teint

el lápiz de labios

le rouge à lèvres

el esmalte para uñas

le vernis à ongles

el algodón

l'ouate

la tijera para uñas

le coupe-ongles

el perfume

le parfum

el portacosméticos

la trousse de toilette

la banqueta

le tabouret

la balanza

la balance

la bata

le peignoir

los guantes de goma

les gants de nettoyage

el tampón

le tampon

la toallita femenina

les serviettes hygiéniques

el baño químico

la toilette chimique

el cuarto de los chicos
la chambre d'enfant

el despertador
le réveil

el peluche
le doudou

el coche de juguete
la voiture jouet

el sonajero
le hochet

la casa de muñecas
la maison de poupée

el regalo
le cadeau

el globo
le ballon

la cama
le lit

el cochecito
la poussette

las cartas
le jeu de cartes

el rompecabezas
le puzzle

la historieta
la bande dessinée

las piezas de lego

les pièces lego

los ladrillos de juguete

les blocs de construction

la figura de acción

la figurine

el enterito (de bebé)

la grenouillère

el frisbee

le frisbee

el móvil para bebés

le mobile

el juego de mesa

le jeu de société

los dados

le dé

el tren eléctrico

le train miniature

el chupete

la sucette

la fiesta

la fête

el libro de cuentos ilustrado

le livre d'images

la pelota

la balle

la muñeca

la poupée

jugar

jouer

el arenero

le bac à sable

la hamaca

la balançoire

los juguetes

les jouets

la consola de videojuegos

la console de jeu

el triciclo

le tricycle

el osito de peluche

l'ours en peluche

el armario

l'armoire

la ropa
les vêtements

las medias

les chaussettes

las medias panty

les bas

las calzas

le collant

la bufanda
l'écharpe

el cinturón
la ceinture

el paraguas
le parapluie

la remera
le t-shirt

las botas
les bottes

las pantuflas
les pantoufles

las zapatillas
les baskets

las sandalias
les sandales

los zapatos
les chaussures

las botas de goma
les bottes de caoutchouc

la ropa interior
le linge de corps

el corpiño
le soutien-gorge

el chaleco
le maillot de corps

el body
le body

los pantalones
le pantalon

los jeans
le jean

la pollera
la jupe

la blusa
le chemisier

la camisa
la chemise

el pulóver
le pull

el buzo
le pull-over à capuche

el blazer
la veste

la campera
la veste

el tapado
le manteau

el piloto
l'imperméable

el traje
le costume

el vestido
la robe

el vestido de novia
la robe de mariée

el traje

le costume

el camisón

la chemise de nuit

el pijama

le pyjama

el sari

le sari

el pañuelo para la cabeza

le foulard

el turbante

le turban

la burka

la burqa

el caftán

le caftan

la abaya

l'abaya

el traje de baño

le maillot de bain

el short de baño

le costume de bain

los shorts

les cuissettes

el jogging

la tenue d'entraînement

el delantal

le tablier

los guantes

les gants

el botón
le bouton

los anteojos
les lunettes

la pulsera
le bracelet

el collar
le collier

el anillo
la bague

el aro
la boucle d'oreille

la gorra
le bonnet

la percha
le cintre

el sombrero
le chapeau

la corbata
la cravate

el cierre
la fermeture éclair

el casco
le casque

los tiradores
les bretelles

el uniforme escolar
l'uniforme scolaire

el uniforme
l'uniforme

el babero
le bavoir

el chupete
la sucette

el pañal
la couche

la oficina
le bureau

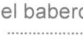

el servidor
le serveur

el archivero
l'armoire d'archivage

la impresora
l'imprimante

el papel
le papier

el monitor
l'écran

el escritorio
le bureau

el mouse
la souris

la carpeta
le classeur

el teclado
le clavier

el tacho (de basura)
la corbeille à papier

la computadora
l'ordinateur

la silla
la chaise

la taza de café
la tasse à café

la calculadora
la calculatrice

el internet
l'internet

la laptop

l'ordinateur portable

la carta

la lettre

el mensaje

le message

el celular

le portable

la red

le réseau

la fotocopiadora

la photocopieuse

el software

le logiciel

el teléfono

le téléphone

el tomacorriente

la prise

el fax

le fax

el formulario

le formulaire

el documento

le document

comprar

acheter

pagar

payer

hacer negocios

marchander

el dinero

la monnaie

USD

el dólar

le dollar

EUR

el euro

l'euro

JPY

el yen

le yen

RUB

el rublo

le rouble

CHF

el franco suizo

le franc suisse

CNY

el yuan

le renminbi yuan

INR

la rupia

la roupie

el cajero automático

le distributeur automatique

la casa de cambio

le bureau de change

el oro

l'or

la plata

l'argent

el petróleo

le pétrole

la energía

l'énergie

el precio

le prix

el contrato

le contrat

el impuesto

la taxe

la acción

l'action

trabajar

travailler

el empleado

l'employé

el empleador

l'employeur

la fábrica

l'usine

el negocio

le magasin

el policía
l'agent de police

el bombero
le pompier

el cocinero
le cuisinier

el médico
le médecin

el piloto
le pilote

el jardinero

le jardinier

el carpintero

le menuisier

la modista

la couturière

el juez

le juge

el farmacéutico

le chimiste

el actor

l'acteur

el colectivero

le conducteur de bus

el taxista

le chauffeur de taxi

el pescador

le pêcheur

la mucama

la femme de ménage

el techista

le couvreur

el mozo

le serveur

el cazador

le chasseur

el pintor

le peintre

el panadero

le boulanger

el electricista

l'électricien

el albañil

l'ouvrier

el ingeniero

l'ingénieur

el carnicero

le boucher

el plomero

le plombier

el cartero

le facteur

el soldado

le soldat

el arquitecto

l'architecte

el cajero

le caissier

el florista

le fleuriste

el peluquero

le coiffeur

el cobrador

le contrôleur

el mecánico

le mécanicien

el capitán

le capitaine

el dentista

le dentiste

el científico

le scientifique

el rabino

le rabbin

el imán

l'imam

el monje

le moine

el sacerdote

le prêtre

la tenaza
les pinces

el martillo
le marteau

el destornillador
le tournevis

la llave
la clé

la linterna
la torche

la excavadora
la pelleteuse

la caja de herramientas
la boîte à outils

la escalera portátil
l'échelle

la sierra
la scie

los clavos
les clous

el taladro
la perceuse

arreglar

réparer

la pala de jardín

la pelle

¡Qué bronca!

Mince!

la pala de plástico

la pelle

el tacho de pintura

le pot de peinture

los tornillos

les vis

los instrumentos musicales
les instruments de musique

la batería
la batterie

el parlante
le haut-parleur

la guitarra
la guitare

el contrabajo
la contrebasse

la trompeta
la trompette

el piano

le piano

el violín

le violon

el bajo

la basse

los timbales

les timbales

el tambor

le tambour

el teclado

le piano électrique

el saxofón

le saxophone

la flauta

la flûte

el micrófono

le microphone

el tigre
le tigre

la entrada
l'entrée

la jaula
la cage

la cebra
le zèbre

el alimento para animales
l'alimentation animale

el oso panda
le panda

los animales
les animaux

el elefante
l'éléphant

el canguro
le kangourou

el rinoceronte
le rhinocéros

el gorila
le gorille

el oso
l'ours

el camello

le chameau

el avestruz

l'autruche

el león

le lion

el mono

le singe

el flamenco

le flamand rose

el loro

le perroquet

el oso polar

l'ours polaire

el pingüino

le pingouin

el tiburón

le requin

el pavo real

le paon

la serpiente

le serpent

el cocodrilo

le crocodile

el cuidador del zoológico

le gardien de zoo

la foca

le phoque

el jaguar

le jaguar

el poni

le poney

el leopardo

le léopard

el hipopótamo

l'hippopotame

la jirafa

la girafe

el águila

l'aigle

el jabalí

le sanglier

el pescado

le poisson

la tortuga

la tortue

la morsa

le morse

el zorro

le renard

la gacela

la gazelle

los deportes
les sports

el fútbol americano
l'american Football

el ciclismo
le cyclisme

el tenis
le tennis

el básquet
le basket-ball

la natación
la natation

el boxeo
la boxe

el hockey sobre hielo
le hockey sur glace

el fútbol
le football

el bádminton
le badminton

el atletismo
l'athlétisme

el handball
le handball

el esquí
le ski

el polo
le polo

reír
rire

saltar
sauter

abrazar
embrasser

caminar
marcher

cantar
chanter

soñar
rêver

rezar
prier

besar
faire la bise

escribir
écrire

dibujar
dessiner

mostrar
montrer

presionar
pousser

dar
donner

tomar
prendre

tener

avoir

hacer

faire

ser

être

estar parado

être debout

correr

courir

tirar

trier

tirar

jeter

caer

tomber

estar acostado

être couché

esperar

attendre

llevar

porter

estar sentado

être assis

vestirse

s'habiller

dormir

dormir

despertar

se réveiller

mirar

regarder

llorar

pleurer

acariciar

caresser

peinar

peigner

hablar

parler

entender

comprendre

preguntar

demander

escuchar

écouter

beber

boire

comer

manger

ordenar

ranger

amar

aimer

cocinar

cuire

manejar

conduire

volar

voler

navegar

faire de la voile

calcular

calculer

leer

lire

aprender

apprendre

trabajar

travailler

casarse

se marier

coser

coudre

cepillarse los dientes

se brosser les dents

matar

tuer

fumar

fumer

enviar

envoyer

la abuela
la grand-mère

el abuelo
le grand-père

el padre
le père

la madre
la mère

el bebé
le bébé

la hija
la fille

el hijo
le fils

el invitado

l'hôte

la tía

la tante

el tío

l'oncle

el hermano

le frère

la hermana

la sœur

el cuerpo

le corps

la frente
le front

el ojo
l'œil

el hombro
l'épaule

el dedo
le doigt

la cara
le visage

la pera
le menton

la mano
la main

el pecho
la poitrine

la pierna
la jambe

el brazo
le bras

el bebé

le bébé

el hombre

l'homme

la mujer

la femme

la nena

la fille

el nene

le garçon

la cabeza

la tête

la espalda

le dos

la panza

le ventre

el ombligo

le nombril

el dedo del pie

l'orteil

el talón

le talon

el hueso

l'os

la cadera

la hanche

la rodilla

le genou

el codo

le coude

la nariz

le nez

la cola

les fesses

la piel

la peau

el cachete

la joue

la oreja

l'oreille

el labio

la lèvre

la boca

la bouche

el diente

la dent

la lengua

la langue

el cerebro

le cerveau

el corazón

le cœur

el músculo

le muscle

el pulmón

les poumons

el hígado

le foie

el estómago

l'estomac

los riñones

les reins

el sexo

le rapport sexuel

el preservativo

le préservatif

el óvulo

l'ovule

el semen

le sperme

el embarazo

la grossesse

la menstruación

la menstruation

la vagina

le vagin

el pene

le pénis

la ceja

le sourcil

el pelo

les cheveux

el cuello

le cou

el hospital
l'hôpital

el hospital
l'hôpital

la ambulancia
l'ambulance

la silla de ruedas
le fauteuil roulant

la fractura
la fracture

el médico
le médecin

la sala de guardia
le service des urgences

la enfermera
l'infirmière

la emergencia
l'urgence

inconsciente
inconscient

el dolor
la douleur

la lesión

la blessure

la hemorragia

l'hémorragie

el infarto

la crise cardiaque

el ACV

l'attaque cérébrale

la alergia

l'allergie

la tos

la toux

la fiebre

la fièvre

la gripe

la grippe

la diarrea

la diarrhée

el dolor de cabeza

le mal de tête

el cáncer

le cancer

la diabetes

le diabète

el cirujano

le chirurgien

el bisturí

le scalpel

la operación

l'opération

la TC

le CT

los rayos x

la radiographie

la ecografía

l'échographie

el barbijo

le masque

la enfermedad

la maladie

la sala de espera

la salle d'attente

la muleta

la béquille

la curita

le pansement

la venda

le pansement

la inyección

l'injection

el estetoscopio

le stéthoscope

la camilla

le brancard

el termómetro

le thermomètre

el nacimiento

l'accouchement

el sobrepeso

le surpoids

el audífono

l'appareil auditif

el desinfectante

le désinfectant

la infección

l'infection

el virus

le virus

el VIH / SIDA

le VIH / le sida

el remedio

le médicament

la vacunación

la vaccination

los comprimidos

les tablettes

la pastilla anticonceptiva

la pilule

a llamada de emergencia

l'appel d'urgence

el tensiómetro

le tensiomètre

enfermo / sano

malade / sain

¡Ayuda!

Au secours!

la alarma

l'alarme

la agresión

l'agression

el ataque

l'attaque

el peligro

le danger

la salida de emergencia

la sortie de secours

¡Fuego!

Au feu!

el matafuego

l'extincteur

el accidente

l'accident

el botiquín de primeros auxilios

la trousse de premier secours

el SOS

SOS

la policía

la police

Europa

l'Europe

América del Norte

l'Amérique du Nord

América del Sur

l'Amérique du Sud

África

l'Afrique

Asia

l'Asie

Australia

l'Australie

el Atlántico

l'Océan atlantique

el Pacífico

l'Océan pacifique

el Océano Índico

l'Océan indien

el Océano Antártico

l'Océan antarctique

el Océano Ártico

l'Océan arctique

el polo norte

le Pôle nord

el polo sur

le Pôle sud

la Antártida

l'Antarctique

la Tierra

la terre

la tierra

le pays

el mar

la mer

la isla

l'île

la nación

la nation

el estado

l'état

la esfera

le cadran

la manecilla de las horas

l'aiguille des heures

el minutero

l'aiguille des minutes

el segundero

l'aiguille des secondes

¿Qué hora es?

Quelle heure est-il?

el día

le jour

la hora

le temps

ahora

maintenant

el reloj digital

la montre digitale

el minuto

la minute

la hora

l'heure

la semana
la semaine

lunes / lundi
miércoles / mercredi
viernes / vendredi
martes / mardi
jueves / jeudi
sábado / samedi
domingo / dimanche

ayer
hier

hoy
aujourd'hui

mañana
demain

la mañana
le matin

el mediodía
le midi

la tarde
le soir

los días hábiles
les jours ouvrables

el fin de semana
le week-end

la lluvia
la pluie

el arco iris
l'arc-en-ciel

la nieve
la neige

el viento
le vent

la primavera
le printemps

el otoño
l'automne

el verano
l'été

el invierno
l'hiver

el pronóstico meteorológico

la météo

el termómetro

le thermomètre

la luz del sol

la lumière du soleil

la nube

le nuage

la niebla

le brouillard

la humedad

l'humidité

el rayo

la foudre

el trueno

le tonnerre

la tormenta

la tempête

el granizo

la grêle

el monzón

la mousson

la inundación

l'inondation

el hielo

la glace

enero

janvier

febrero

février

marzo

mars

abril

avril

mayo

mai

junio

juin

julio

juillet

agosto

août

el año - l'année

septiembre

septembre

octubre

octobre

noviembre

novembre

diciembre

décembre

las formas
les formes

el círculo

le cercle

el cuadrado

le carré

el rectángulo

le rectangle

el triángulo

le triangle

la esfera

la sphère

el cubo

le cube

colores
les couleurs

blanco

blanc

amarillo

jaune

naranja

orange

rosa

rose

rojo

rouge

violeta

violet

azul

bleu

verde

vert

marrón

marron

gris

gris

negro

noir

mucho / poco

beaucoup / peu

enojado / tranquilo

fâché / calme

lindo / feo

joli / laid

el principio / el fin

le début / la fin

grande / chico

grand / petit

claro / oscuro

clair / obscure

el hermano / la hermana

le frère / la sœur

limpio / sucio

propre / sale

completo / incompleto

complet / incomplet

el día / la noche

le jour / la nuit

muerto / vivo

mort / vivant

ancho / angosto

large / étroit

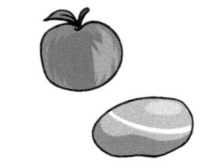

comestible / no comestible

comestible / incomestible

malo / amable

méchant / gentil

entusiasmado / aburrido

excité / ennuyé

gordo / flaco

gros / mince

primero / último

le premier / le dernier

el amigo / el enemigo

l'ami / l'ennemi

lleno / vacío

plein / vide

duro / blando

dur / souple

pesado / liviano

lourd / léger

el hambre / la sed

faim / soif

enfermo / sano

malade / sain

ilegal / legal

illégal / légal

inteligente / estúpido

intelligent / stupide

izquierda / derecha

gauche / droite

cerca / lejos

proche / loin

nuevo / usado

nouveau / usé

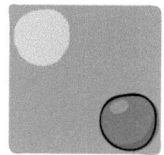

nada / algo

rien / quelque chose

viejo / joven

vieux / jeune

encendido / apagado

marche / arrêt

abierto / cerrado

ouvert / fermé

silencioso / ruidoso

faible / fort

rico / pobre

riche / pauvre

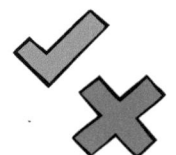

correcto / incorrecto

correct / incorrect

áspero / suave

rugueux / lisse

triste / contento

triste / heureux

corto / largo

court / long

lento / rápido

lent / rapide

mojado / seco

mouillé / sec

caliente / frío

chaud / froid

guerra / paz

la guerre / la paix

los números

les nombres

0

cero

zéro

1

uno

un

2

dos

deux

3

tres

trois

4

cuatro

quatre

5

cinco

cinq

6

seis

six

7

siete

sept

8

ocho

huit

9

nueve

neuf

10

diez

dix

11

once

onze

12

doce

douze

13

trece

treize

14

catorce

quatorze

15

quince

quinze

16

dieciséis

seize

17

diecisiete

dix-sept

18

dieciocho

dix-huit

19

diecinueve

dix-neuf

20

veinte

vingt

100

cien

cent

1.000

mil

mille

1.000.000

el millón

le million

los idiomas
les langues

el inglés
l'anglais

el inglés americano
l'anglais américain

el chino mandarín
le chinois mandarin

el hindi
le hindi

el español
l'espagnol

el francés
le français

el árabe
l'arabe

el ruso
le russe

el portugués
le portugais

el bengalí
le bengali

el alemán
l'allemand

el japonés
le japonais

yo

je

vos

tu

él / ella

il / elle

nosotros

nous

ustedes

vous

ellos

ils / elles

¿quién?

qui?

¿qué?

quoi?

¿cómo?

comment?

¿dónde?

où?

¿cuándo?

quand?

el nombre

le nom

detrás

derrière

en

dans

adelante de

devant

por encima de

au-dessus

sobre

sur

debajo de

en-dessous

al lado de

à côté de

entre

entre

el lugar

le lieu